AF479395

L'AGONIE

DE

L'ARMÉE DU RHIN

PAR

UN OFFICIER D'ARTILLERIE DU 3ᵉ CORPS.

Exoriare aliquis nostris ex ossibus ultor......

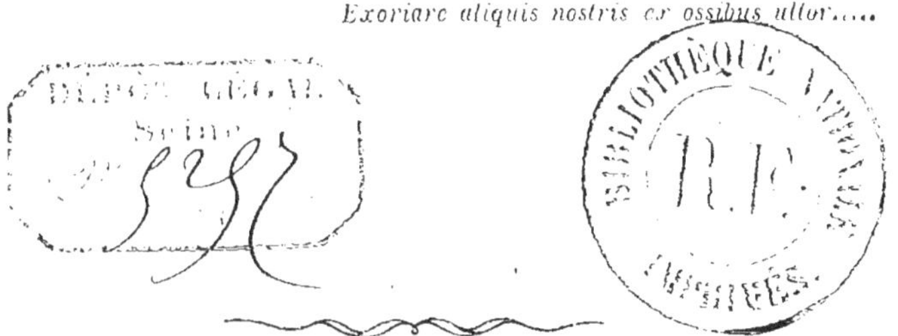

PARIS

E. DENTU, LIBRAIRE-ÉDITEUR

PALAIS-ROYAL, 17 ET 19, GALERIE D'ORLÉANS.

1871

PARIS. — IMPRIMERIE DE E. DONNAUD, RUE CASSETTE, 9.

PRÉFACE.

Les influences morales ont joué un tel rôle
dans la catastrophe de Metz, qu'il m'a paru in-
téressant d'en retracer le tableau et d'en étudier le
jeu. Une armée n'est pas seulement une force ma-
térielle : c'est un organisme complet, qui agit,
qui pense, et qui sent. On ne saurait donc
considérer comme une œuvre futile l'analyse
intime de ses tristesses et de ses joies, de ses
entraînements et de ses faiblesses, de ses défaillances et de ses espoirs ; peut-être même y trou-
vera-t-on quelque lumière sur le déplorable
écroulement d'une armée qui méritait de meil-
leurs destins.

Ceci n'est donc pas un exposé didactique, encore moins une œuvre de polémique. Du point de vue que j'ai choisi, j'ai pu éviter les invectives passionnées, les dénigrements systématiques, et m'épargner la satisfaction, légitime à coup sûr, mais banale et malsaine, de jeter, moi infime, une pierre de plus aux idoles renversées. Je n'ai voulu que rendre fidèlement et simplement les émotions multiples qui ont, pendant plus de trois mois, agité nos cœurs et bouleversé nos esprits. Peut-être, à mon insu, ai-je en quelques passages un peu trop généralisé une impression purement personnelle; mais, par l'appel constant de mes souvenirs, j'espère avoir, dans l'ensemble, exprimé les idées de la grande majorité de mes compagnons d'armes.

C'est à eux que je dédie ce modeste travail, récit d'une longue et cruelle agonie, au bout de laquelle nous avons mis en terre notre vieille gloire, le prestige de notre drapeau et l'espoir de notre patrie.

Coblentz, 31 décembre 1870.

L'histoire courte et douloureuse de l'armée du Rhin se divise naturellement en quatre périodes bien tranchées, ayant chacune sa physionomie propre et ses caractères distincts.

Chaque période forme un chapitre.

Le premier chapitre s'arrête à la bataille de Spikeren ou de Forbach, le 6 août. Il s'occupe de la concentration de l'armée, et de sa marche en avant jusqu'à la frontière.

Le deuxième, du 6 au 14 août, retrace les péripéties de la retraite depuis la frontière jusque sous les murs de Metz.

Le troisième, qui va du 14 au 19, est la phase militante : il renferme les batailles livrées sur les deux rives de la Moselle pour ouvrir à l'armée la route de Verdun.

Enfin, le quatrième, le plus long et le plus triste, s'étend du 19 août au 29 octobre, et comprend les 70 jours du blocus.

Ainsi : Concentration et marche à la frontière;

Retraite sous Metz;

Batailles sur la Moselle;

Blocus et Capitulation.

Tel est le résumé de cette campagne étrange, où les faits militaires, encore enveloppés de profonds nuages, semblent tenir moins de place que le jeu des ressorts moraux et des passions humaines.

CHAPITRE PREMIER.

I

Pour se rendre un compte exact des événements qui vont suivre, et apprécier sous leur véritable aspect les phases successives que l'armée du Rhin eut à traverser, il est indispensable de dire quelques mots des conditions où elle se trouvait au moment de se mesurer avec son formidable ennemi.

On peut affirmer sans témérité que cette armée, sous aucun rapport, n'était préparée à la grande épreuve qu'elle allait affronter. D'autres ont signalé les vices de l'organisation militaire, l'incurie et la négligence qui présidèrent à la mise en train des divers services, les lacunes administratives qui se montrèrent dès les premiers jours et qu'on ne put combler à temps. Ce n'est point là le sujet que nous avons en vue. Nous devons néanmoins en constater l'influence, car ces preuves trop palpables de l'imprévoyance de nos gouvernants ne pouvaient manquer de réagir fortement sur les esprits. Il eût fallu dès l'abord une victoire brillante pour en paralyser les effets. Or, cette victoire que nous espérions alors, nous comprenons bien aujourd'hui qu'un miracle seul pouvait nous la donner.

Ce miracle s'était produit, il est vrai, dans la guerre d'Italie, au début de laquelle tous les vices de notre système de mobilisation s'étaient si clairement montrés. Là, comme en Crimée, l'initiative ardente des officiers et l'entrain intelligent des soldats avaient suppléé à tout. Il en était résulté ce dicton bien caractéristique et bien connu dans l'armée : « Les batailles sont » comme la confiance ; elles se gagnent, mais ne » se commandent pas. »

De là une tactique spéciale et des tendances fâcheuses qui préoccupaient depuis longtemps nombre d'esprits prévoyants ou perspicaces ; mais l'insouciance inhérente au caractère français, aggravée par l'inertie cérébrale d'une génération amollie, aveuglèrent presque tous les yeux sur les désastres que devait amener l'habitude des succès faciles.

II

La guerre, on le sait, éclata comme un coup de foudre, au moment même où l'on avait cessé de croire à sa possibilité. L'excitation produite

par l'incident du Luxembourg s'était éteinte ;
l'œuvre du maréchal Niel, mollement ébauchée,
entravée par les résistances du pays, semblait
devoir le suivre dans la tombe où il était des-
cendu, laissant une loi militaire bâtarde qui ne
contentait personne.

La France ne désirait pas la guerre. La plupart des officiers avaient pris leur parti de l'inaction à laquelle tout semblait désormais les
condamner, le courant général des idées, l'apai-
sement apparent des passions internationales,
surtout le développement excessif du luxe et du
bien-être. Quelques militaires d'un caractère
actif, ou inquiet, ou ambitieux, y croyaient encore parce qu'ils la désiraient ; mais on était
bien près de les considérer comme des énergu-
mènes, ou tout au moins comme des exaltés.

III

La vieille et abrutissante routine régnait en
maîtresse sur toutes les choses de l'armée. On
avait institué, il est vrai, de somnolentes conférences, dont la Prusse faisait généralement les
frais ; mais aucun intérêt ne pouvait s'attacher à
des spéculations qui semblaient prévoir un cas

purement idéal. Tout était effleuré, rien n'était approfondi. On montrait le mal, sans indiquer, ni même chercher le remède. Nous n'oserions soutenir que ce genre de travaux n'ait pas profité à quelques officiers prévoyants ou studieux; mais le Ministère, si désireux avec raison de mettre les autres au courant des procédés de la guerre nouvelle, n'en avait lui-même absolument rien appris (1). En définitive ces conférences même, créées dans une excellente intention, eurent un résultat fâcheux. Elles laissèrent dans l'esprit de beaucoup d'officiers une très-grande appréhension de la puissance militaire des Prussiens, de l'habileté de leur tactique, et de la science de leur état-major.

IV

La discipline des troupes, sans être précisément relâchée, avait beaucoup perdu de son ancienne rigueur. A l'inflexibilité des allures militaires avait succédé une sorte d'indulgence paternelle qui ne profitait en somme qu'aux

---

(1) On en trouve un frappant exemple dans l'obstination du Gouvernement à éluder l'étude de l'emploi militaire des chemins de fer. Malgré les enseignements fournis par la guerre

mauvais sujets. Les officiers de grade inférieur, toujours en contact avec la troupe, et responsables de ses écarts, sentaient bien les inconvénients de cette clémence intempestive, mais ils étaient forcés de suivre le courant, et d'ailleurs ils ne trouvaient pas toujours dans le commandement, quand il fallait sévir, l'appui nécessaire.

Les journaux d'opposition de toute nuance, avec un ensemble étonnant, qui semblait venir d'une conviction bien profonde, sapaient à l'envi le tronc de l'arbre pour faire tomber le fruit, et, pensant avec raison que le pouvoir ne se soutenait plus que par la force inerte de l'armée, ne craignaient pas de semer dans les rangs tous les germes d'indiscipline et de rébellion. Une campagne en règle fut même entreprise dans ce

---

de la sécession en Amérique et par la menaçante campagne de Sadowa, malgré des flots de brochures publiées sur l'importance d'une question qui s'imposait à tous les esprits, le Ministère ne réglementa rien, ne créa aucun corps spécial, n'ajouta aucun rouage au fonctionnement des états-majors. Une Commission fut pourtant instituée sous la présidence d'un général de division ; son programme fut tellement rétréci que, laissant de côté tout ce qui avait une importance vitale, elle se borna à réviser le règlement du 6 novembre 1855, sur le mode d'embarquement des troupes en chemin de fer.

Sous ce point de vue, on peut dire que la France entra en lice tout à fait désarmée, car les Prussiens nous ont battus à coups de locomotive encore plus qu'à coups de canon.

but (1). L'Empire triompha pourtant au plébiscite,
mais les doctrines subversives survécurent. Aussi
faible qu'imprévoyant, le Gouvernement avait
laissé le mal se propager, et, par une étrange
inconséquence, c'était aux chefs du parti répu-
blicain que devait incomber plus tard la tâche,
pénible mais nécessaire, de restaurer la discipline.

Ajoutons que l'esprit du jour était ici d'accord
avec les manœuvres des partis. Un soldat en
uniforme était devenu un objet presque grotesque,
les formalités militaires des parades risibles.
Tout individu appartenant à l'armée n'était qu'un
parasite, une non-valeur sociale, un citoyen
inutile consommant sans produire. Et puis, di-
sons-le, les officiers n'étaient pas riches et ne
pouvaient pas le devenir. Or, dans une société
où la richesse passait avant tout, où la valeur
d'un homme était exactement représentée par le
chiffre de ses rentes, une armée permanente ne
pouvait être qu'une collection de parias ou de
déclassés. Et en effet, le métier des armes tendait
à devenir un métier dans toute l'acception du
mot. Il procurait un revenu modeste, mais certain, et, en retour de quelques légers ennuis,

---

(1) Voir les articles du journal « la *Marseillaise* ».

promettait une existence calme et une longévité assurée.

V

Pourtant l'armée, malgré tant de germes de faiblesse et d'énervement, avait conservé le dépôt des vieilles traditions de gloire et d'honneur léguées par nos pères : le sentiment du devoir et de l'abnégation personnelle y subsistait tout entier. Si on en riait, c'était du bout des lèvres, pour se conformer au ton général. Au fond, toutes les vertus militaires surnageaient. Sans elles, nous n'aurions pas tant souffert.

Ce qui manquait par-dessus tout, à l'armée comme à la nation, c'était l'enthousiasme, cette faculté créatrice qui seule rend l'héroïsme efficace. Il devait renaître, cet enthousiasme depuis longtemps éteint, mais chez nos jeunes armées rassemblées au cri de la patrie en danger. Il n'avait jamais cessé d'animer nos ennemis, en qui la haine de la France était, depuis plus d'un demi-siècle, soigneusement excitée et entretenue.

Toutes ces choses étaient, ou pressenties, ou nettement exprimées entre nous. Nous remarquions aussi avec quelle sorte d'indifférence, au milieu de l'exaltation de la presse et de la multi-

tude, l'armée avait accueilli l'annonce de la
guerre. Ce flegme, assez rare dans le caractère
français, n'était que l'intuition des difficultés
qui allaient surgir, et auxquelles on se sentait si
mal préparé.

VI

Si la rapidité de la mobilisation était une
chance favorable à l'exécution du plan de campagne révélé depuis peu par une brochure semi-
officielle, nous eussions dû réussir, car rien n'é-
gale la hâte avec laquelle les troupes quittèrent
leurs garnisons respectives. Tout fut sacrifié à
une précipitation insensée qui devait en somme
retarder l'ouverture des hostilités. Les corps,
pris au dépourvu, partirent sans leurs réserves,
avec des cadres incomplets, sans leurs ustensiles
de campement. Quand les locomotives les eurent
déposés aux cantonnements assignés, elles durent
retourner en arrière pour aller chercher des
vivres, des chevaux, des effets, même des sou-
liers. Ce mode de procéder ne pouvait manquer
d'apporter la plus grande confusion dans les détails de la gestion intérieure des corps. La nécessité de se compléter par envois successifs rendit
longue et pénible une mise sur pied de guerre

qu'un jour de plus au dépôt aurait grandement simplifiée. Ainsi, pour gagner un jour, on en perdit sept, car les troupes parties de Paris le 16 juillet ne quittèrent Metz que le 23 ; et si à ce moment les bataillons, escadrons et batteries étaient en état de combattre, grâce à l'activité des officiers qui les commandaient, encore faut-il considérer que les réserves, les parcs, les ambulances, les convois, les équipages de ponts, n'étaient qu'à l'état de projet.

En supposant même qu'on soit arrivé aussitôt en ligne par cette série d'à-coup précipités que par une activité bien coordonnée; en reconnaissant, s'il le faut, que le procédé de mobilisation employé ne nuisait en rien à la réussite du singulier plan dont on a depuis révélé le secret, il convient d'insister pour faire ressortir les résultats fâcheux de ces ordres de départ si fébrilement expédiés. Débordés par mille détails d'organisation intérieure auxquels on les avait soumis comme à plaisir, beaucoup d'officiers virent clairement dès le premier jour qu'ils étaient abandonnés à eux-mêmes, qu'ils ne trouveraient dans les régions supérieures ni direction ni assistance, bien heureux encore s'ils n'y rencontraient pas les obstacles qui résultent forcément en France de l'exagération paperassière. A partir de cet instant, certains esprits chagrins ou impressionnables ont tout pressenti. Au spectacle du chaos administratif qui décelait à leurs yeux le désarroi et la perturbation des hautes sphères, ils avaient dès l'origine perdu tout espoir de succès.

VII

Malgré tout, quand la marche en avant commença, l'armée se regarda défiler et eut confiance. Toute la France militaire n'était-elle pas là, pleine d'une ardeur croissante, avec ses individualités brillantes et reconnues, avec son prestige encore intact?

L'armement était excellent, et le fantassin appréciait de plus en plus son chassepot. La cavalerie était belle, ardente et bien montée, quoiqu'un peu inquiète peut-être du rôle inconnu qui allait lui échoir. — Quant à l'artillerie, les officiers de l'armée ne se dissimulaient pas l'insuffisance du calibre de 4 (1), mais ils comptaient beaucoup sur le canon de 12, et regrettaient d'en voir une si faible proportion.

----

(1) Depuis plusieurs années, la grande majorité des officiers d'artillerie se plaignait surtout du peu de tension de la trajectoire du canon de 4, au point qu'un certain nombre d'entre eux lui aurait préféré même l'ancien canon lisse à boulet sphérique.

Un canon de campagne se chargeant par la culasse était à

Le secret des mitrailleuses avait été bien gardé. Beaucoup fondaient sur elles un médiocre espoir. Elles tinrent pourtant ce qu'elles avaient promis, et les soldats ont toujours acclamé les *moulins à café*, comme ils les appelaient pittoresquement. Mais ces instruments de destruction, quelque puissants qu'ils fussent, ne pouvaient suffire à donner la victoire : ils l'ont du moins fait payer plus cher à l'ennemi.

VIII

On s'avança ainsi sans folle illusion à la rencontre d'un adversaire dont la situation et la force étaient absolument inconnues. Les ovations que les troupes avaient recueillies, à la portière des wagons, de la part des patriotiques habitants de la Champagne, les avaient médiocrement exaltées. Cette guerre, si éminemment nationale aux yeux de nos ennemis, ne disait rien à l'imagination de nos soldats. Pendant que tout Allemand recevait, dès la plus tendre enfance, des germes de haine contre la race gauloise, les Français avaient pris l'habitude de con-

---

l'étude au polygone de Versailles, mais n'était pas encore en service.

sidérer leurs voisins d'outre-Rhin comme de bons
bourgeois pacifiques, incapables de passion, de
ressentiment ou de cruauté. Même pour les officiers les plus éclairés, le conflit qui venait d'é-
clater n'était qu'une sorte d'abstraction.

Notre armée allait au Rhin comme elle serait
allée partout, contre les Chinois, ou les Russes,
ou les émeutiers de Belleville. Nous avions
touché du doigt l'incohérence des mesures prises, le désordre des administrations, l'inconsis-
tance du commandement, et nous marchions d'un
pas ferme et joyeux, vrais fils de ces anciens Gau-
lois qui croyaient pouvoir soutenir le ciel même
avec leurs lances, si le ciel était venu à tomber.

Je cherche la note juste pour rendre l'état moral de cette armée, alors si solide et si belle,
sorte de paladin croyant aller à un tournoi lorsqu'il va tomber dans une embuscade de reîtres.
Également éloignée de la forfanterie et de l'a-
battement, elle sentait dans son sein une telle
accumulation de forces qu'elle avait foi au succès
définitif. Elle savait que la victoire serait chère-
ment achetée, et envisageait le choc prochain
avec une sérénité froide et virile. Quelques-uns
sans doute prévoyaient les revers possibles, mais,
en mettant les choses au pis, personne n'avait
conscience des effroyables désastres qui allaient
être subis.

IX

Le canon retentit pour la première fois le 2 août, à Sarrebrück. On fut bien étonné de s'être battu et de n'avoir eu qu'un semblant de victoire. Jusque-là on n'avait compris que peu de chose à la marche des événements; à dater de ce moment, on n'y comprit plus rien du tout. Qu'allait-on faire, et où se trouvait l'ennemi? L'Empereur, qui était censé commander l'armée, ne le savait pas lui-même. Or, le soldat français aime à comprendre. Si c'est un tort à la guerre il l'a durement expié, et il est à craindre qu'il ne s'en corrige jamais.

Ce combat insignifiant avait dévoilé la force de résistance et la ténacité de l'ennemi. Il fut célébré par une dépêche officielle du plus mauvais effet. Chacun haussa les épaules à propos des vieux grognards qui pleuraient en admirant la bravoure de l'héritier présomptif. Il n'est pas bon, quand on va au-devant de la mort, d'avoir à se moquer de ceux qui vous y conduisent : il n'est pas sage de faire rire ceux qu'on y conduit.

Nous renonçons à décrire les mouvements décousus le long de la frontière, du 2 au 6 août, **les marches et contre-marches** sans motif apparent, la dispersion des divisions d'un même corps, l'absence de lien dans les régions du commandement. Il était dès lors évident pour tous qu'aucun plan ne présidait à notre action, et que la guerre, heureuse ou non, allait être aussi confusément menée qu'elle avait été follement engagée.

CHAPITRE II.

I

La journée du 6 août surprit l'armée dans un état de dissémination complète (1).

On sait que le 2e corps eut à lutter pendant dix heures contre des forces très-supérieures, qu'après avoir brillamment résisté, il fut enfin obligé de quitter le champ de bataille et de se replier sur Sarreguemines.

Que faisait à ce moment le 3e corps? Ses divisions étaient postées en quatre points différents, et immobilisées dans l'attente d'un ennemi imaginaire. Chacune d'elles était à portée du champ de bataille de Spikeren, et entendit tout le jour

---

(1) Le 2e corps occupait Forbach et les hauteurs voisines. — Le 4e était à Boulay. — Le 3e avait ses 4 divisions dispersées de Sarreguemines à Saint-Avold. — La garde se trouvait à Courcelles.

la canonnade sans pouvoir rien soupçonner du résultat de la rencontre. Qui peut dire ce qui serait arrivé si ces quatre divisions, ou seulement l'une d'elles, étaient arrivées à propos sur le théâtre de la lutte? Qui peut dire pourquoi cet ordre, impatiemment attendu, n'arriva pas? Le maréchal Bazaine commandait alors le 3e corps. S'il avait été obligé de disséminer ses divisions, soit pour garder plusieurs débouchés, soit pour les faire vivre plus facilement, n'a-t-il pas pu ou n'a-t-il pas voulu en faire marcher une seule au canon? Ces questions seront sans doute éclaircies plus tard. Elles ne dépassent point le programme que nous nous sommes tracé, car elles étaient alors déjà dans la bouche de tous les officiers du 3e corps.

II

Un pareil début n'était point fait pour donner à l'armée une haute idée des conceptions qu'elle était appelée à réaliser, et détruisit dans l'esprit du soldat le peu de crédit qu'il accordait au génie de ses chefs.

Cependant, quoique l'on sût, depuis le 5 au soir, le désastre du général Douay à Wissembourg, il n'y avait point encore à s'inquiéter. On se disait que Mac-Mahon allait venger son lieutenant, si ce n'était déjà fait. Le corps de Frossard venait d'être battu, mais il n'avait pas subi de catastrophe ; il était en mesure de se reformer de suite et de se remettre en ligne au premier jour.

Malheureusement le 2ᵉ corps, après sa retraite sur Sarreguemines, affluait sur Puttelange dans un état de désorganisation plus prononcé qu'on ne l'avait soupçonné : le spectacle de ce désordre et les récits exagérés que colportaient les soldats défaits à Forbach auraient pu jeter bien des ferments de démoralisation dans des troupes moins solides que les nôtres.

III

La défaite de Spikeren et le désastre de Wœrth entraînèrent un mouvement général de retraite. Le 8 août, les 2ᵉ et 3ᵉ corps se portèrent de Puttelange à Faulquemont, pendant que le reste de l'armée se repliait parallèlement de Saint-Avold sur Boulay.

Il est difficile d'analyser ce qui se passait alors dans nos esprits. Nul ne s'expliquait la nécessité de la retraite d'une nombreuse armée dont un seul corps avait jusqu'ici combattu. On frémissait d'indignation à la pensée que l'étranger foulait au même moment le sol de la patrie, et l'on se demandait quel immense péril planait sur nos têtes pour nous faire abandonner sans résistance une large bande de frontière. Le long de la colonne, quelques familles effrayées fuyaient l'invasion imminente ; des paysans immobiles et mornes sur la porte de leur chaumière murmuraient déjà le mot de trahison, ce mot qui devait plus tard retentir si fatalement à nos oreilles. Les soldats marchaient en songeant et ne chantaient plus *la Marseillaise :* cet hymne de victoire leur eût semblé une ironie amère.

Ce fut pendant cette route, première étape du funeste destin acharné contre nous, que se répandit la nouvelle de la déroute du 1er corps à Reichshoffen.

Sous tant d'impressions accumulées, un sentiment d'indéfinissable angoisse vint étreindre subitement nos cœurs. Nos pensées cherchaient déjà à prévoir le triste effet que tant d'échecs devaient produire au sein du pays, et l'imminence d'une révolution à Paris ne put échapper à personne.

IV

La position de Faulquemont présentait d'assez grands avantages et une solide assiette ; mais elle avait la Nied à dos et des lignes de retraite difficiles. Le chef de l'armée songea à s'y arrêter pour livrer bataille. Cette détermination fut vite abandonnée, et le 9, l'armée continua sa retraite sur Metz.

C'était une vraie retraite en effet, exécutée en ordre parfait, comme une marche militaire. Eh bien ! nous n'y pouvions croire alors. Nous soupçonnions des mouvements stratégiques profonds, quelque manœuvre habile et décisive, mais nullement la nécessité de nous dérober par la vitesse à un ennemi menaçant. Les officiers d'état-major connaissaient sans doute le mot de la situation ; mais les troupes se bornaient à railler la consternation peinte sur leurs visages, et ne voulaient pas croire à un mouvement rétrograde dont rien ne démontrait l'urgence à leurs yeux. Les officiers entretenaient chez leurs hommes ces illusions qu'ils partageaient pour la plupart : cette tendance à réagir contre la démoralisation qui régnait déjà dans les hautes sphères fut la cause principale de l'ordre admirable qui présida aux mouvements de retraite depuis la frontière jusqu'à la Moselle.

V

A Pange, où toute l'armée fut concentrée le 10, on parut encore vouloir faire front. L'armée commençait à trouver intolérable et humiliante cette reculade que rien n'interrompait depuis cinq jours.

Elle eût accueilli une bataille avec bonheur. Qu'en fut-il résulté, et quelles chances aurions-nous eues de triompher? Nous ne le saurons jamais exactement, sans doute, mais un jour peut-être sera-t-il permis de faire à ce sujet quelques conjectures plausibles.

VI

Quoi qu'il en soit, le commandant en chef se décida à continuer sa retraite jusque sous le canon de Metz. Toutes les troupes prirent position le 11, sur la rive droite de la Moselle, un peu en avant de la ligne des forts du camp retranché, fatiguées mais non abattues, exaspérées plutôt, inquiètes au fond, et appelant la lutte par raison autant que par tempérament. Elles allaient être satisfaites sur ce point, et montrer dans quelques journées sanglantes ce qu'auraient pù faire avec elles des gens capables de les commander.

CHAPITRE III.

14 AOUT — 19 AOUT.

I

Ce furent nos seuls jours heureux, nos seuls jours de gloire; oui, de gloire, malgré ce qui avait précédé, malgré ce qui devait suivre : jours brillants dans notre mémoire, pendant lesquels la fumée du canon nous cachait l'image de la patrie en deuil !

Le 14 août, le maréchal Bazaine, qui venait de recevoir le commandement en chef, s'était décidé à faire passer son armée sur la rive gauche de la Moselle, pour gagner la route de Verdun. Le mouvement était en pleine exécution, quand l'ennemi commença l'attaque, soit qu'il espérât nous pousser sur la place l'épée dans les reins et y entrer sur nos pas, soit qu'il eût l'intention de masquer ainsi le passage de la rivière qu'il effectuait en amont pour nous couper.

Au bruit du canon qui retentissait du côté de Colombey, les troupes s'arrêtèrent spontanément, firent un à-droite, et se mirent en ligne. Le 3e et le 4e corps seuls combattirent. Le 2e était déjà trop engagé dans son mouvement pour arriver à temps ; la garde resta en réserve sous le fort de Queuleu et n'eut pas besoin de donner. En vain l'ennemi renouvela jusqu'à sept fois ses réserves d'infanterie, nos troupes ne cédèrent pas un pouce du terrain où se poursuivait la lutte, et quand la nuit eut fait cesser le feu de part et d'autre, elles purent croire, avec raison, qu'elles avaient remporté une belle et bonne victoire. Leur étonnement fut bien grand lorsque, se préparant à bivouaquer sur place pour poursuivre le lendemain leur succès, elles reçurent l'ordre de continuer pendant la nuit le mouvement de retraite que le canon ennemi avait inopinément interrompu. La Moselle fut traversée sur les ponts fixes de la ville et sur les ponts de bateaux, préalablement jetés en amont et en aval, et, le 15 août au soir, l'armée presque entière occupait de bonnes positions sur les routes qui devaient la conduire à Verdun.

II

Mais l'ennemi avait si bien profité des trois

jours que nous avions perdus (du 11 au 14), qu'il nous avait devancés sur la rive gauche par les défilés d'Ars-sur-Moselle et de Novéant. Le commendant en chef ne s'en doutait certainement pas, car le 2e corps et la garde essuyèrent, le 16 au matin, une véritable surprise, qui se fût changée en déroute sans la solidité de leurs troupes. Le 3e et le 4e corps entrèrent ensuite brillamment en ligne, et rétablirent les affaires un instant compromises. Quand la nuit termina la lutte, la route de Verdun était libre ; l'ennemi avait abandonné la plupart de ses positions, et se trouvait acculé aux défilés par lesquels il avait débouché sur le plateau. Encore un effort, et il était jeté en déroute dans la Moselle.

Cet effort ne fut pas tenté. Le soleil levant nous trouva le 17 sur le terrain conquis la veille, prêts à réparer la nuit perdue et à poursuivre un succès, cette fois incontestable, sur lequel glissent volontiers les rapports allemands.

L'étonnement éprouvé le 14 au soir se renouvela avec plus d'intensité, lorsque nous vîmes l'armée perdre toute la journée du 17 à occuper une nouvelle ligne de positions en arrière de celles emportées, et abandonner ainsi à l'ennemi la route directe de Verdun.

Cette nouvelle ligne, adossée aux contre-forts qui bordent la Moselle, allait du fort Saint-

Quentin à Saint-Privat-la-Montagne. La garde
en formait la gauche, avec le 2ᵉ corps; le 3ᵉ le
centre; l'aile droite était occupée par les 4ᵉ et
6ᵉ corps

Ce fut là que l'ennemi, rassuré sur nos entre-
prises, et échappé à un immense péril dont il
avait eu parfaitement conscience, vint de nou-
veau nous attaquer le 18.

III

L'état-major allemand avait dès lors un si
profond mépris, non de la bravoure de nos troupes qu'il avait éprouvée à ses dépens, mais des
talents de nos généraux, qu'il commença cette
journée par la plus imprudente des manœuvres
qu'on puisse exécuter à la guerre. Bien avant le
point du jour, et pendant toute la matinée, les
troupes prussiennes défilèrent à quatre kilomètres de nous, parallèlement à notre ligne, de
notre gauche vers notre droite, se portant, sous
nos yeux, aux positions qui leur étaient assi-
gnées. Nous étions sur le front de bandière,
attendant, implorant l'ordre de les attaquer dans
cette périlleuse marche de flanc. Quand elles
eurent terminé leur évolution. vers onze heures

du matin, elles marchèrent à notre rencontre, et la bataille commença.

Cette journée, appelée par l'état-major français « défense des lignes d'Amanvilliers (1) », journée pendant laquelle l'armée du Rhin eut à lutter contre 300,000 hommes, se termina par la retraite des 6ᵉ et 4ᵉ corps à l'aile droite. Le reste de la ligne n'avait pas fléchi d'un pouce, et coucha aux bivouacs de la nuit précédente. Les Prussiens, qui avaient subi des pertes énormes, n'osèrent pas poursuivre leur succès; avec plus de hardiesse, ils auraient pu nous couper entièrement de Metz, et peut-être nous infliger un désastre dans les défilés de Châtel.

Le contraste entre cette timidité et l'audace du mouvement de flanc, exécuté le matin, constitue un trait caractéristique de la tactique des

---

(1) Les diverses dénominations donnée par les deux partis aux batailles des 14, 16 et 18 août, ayant jeté quelque confusion dans les esprits, il importe de les fixer.

La bataille du 14, que nous appelons bataille de *Borny*, reçu des Allemands le nom de *Colombey* ou de *Pange*.

Celle du 16, connue par nous sous le nom de *Rezonville* ou *Gravelotte*, est désignée en Prusse par le nom de *Vionville* ou de *Mars-la-Tour*.

Enfin, la journée du 18, que l'état-major a appelée, « *défense des ligues d'Amanvilliers*, » et à laquelle nos soldats donnent le nom de *Saint-Privat*, n'est connue en Allemagne que sous le nom de *Gravelotte*. Il est essentiel de tenir compte de ces différences pour comprendre les divers ouvrages français ou allemands publiés sur cette période de la campagne.

généraux prussiens. Chez eux, tout est prévu,
combiné avec une précision infinie ; ils n'hésitent
pas à s'engager dans les opérations les plus témé-
raires, s'ils ont eu le loisir de les préparer. Mais
l'imprévu les effraye avec raison, et de peur de se
heurter contre des difficultés inopinées, ils se
maintiennent strictement dans leur programme,
sans qu'aucun entraînement puisse les en faire
sortir.

IV

Le 19 au matin, l'armée fatiguée et triste, cou-
pée du reste de la France, mais possédant encore
une énergie indomptée, se trouvait à l'abri de
toute entreprise sous le canon des forts Saint-
Quentin et Plappeville.

En comptant et en pleurant ses morts, elle gé-
missait de voir que tant de sacrifices avaient été
inutiles. Elle se demandait avec anxiété combien
il en faudrait encore pour ramener la fortune in-
fidèle, et la sombre résignation prenait peu à peu
dans son sein la place des espérances glorieuses
et des entraînements confiants. Elle voyait un
lugubre avenir s'ouvrir à ses yeux. Se sentant at-
teinte dans ses sources vives par la première lan-

cination du mal dont elle devait mourir, elle eut
un accès de stupeur à peine mitigé par la fièvre
encore brûlante des champs de bataille.

Les griefs et les critiques exposés dans le cours
de ce récit, avec une modération dont nous nous
sommes fait une loi, tinrent dès lors une large
place dans les conversations et les discussions
des officiers de tout grade et des soldats eux-
mêmes. Certes, un général en chef, lorsqu'il mène
son armée à la victoire, peut demander qu'on
suspende les appréciations passionnées ou irréflé-
chies dont le temps doit faire justice ; mais
malheureusement ce n'était point ici le cas, et,
quelque amères que fussent nos plaintes, quelque
profonde que fût notre désaffection, quelque vives que fussent nos douleurs, les événements pos-
térieurs ne devaient que les légitimer et les
accroître.

CHAPITRE IV.

I

L'ennemi étant parvenu, par la rapidité de ses mouvements, par l'habileté de ses manœuvres, par le nombre de ses troupes, et par la ténacité de sa résistance, à nous couper entièrement la route de Paris, et le maréchal Bazaine n'ayant plus l'intention de faire dans cette direction un effort énergique, l'armée du Rhin disposa ses campements sur tout le périmètre de Metz, dans le vaste camp retranché formé par les forts de Saint-Quentin, de Plappeville, de Saint-Julien et de Queuleu. Vers le 22 août, les divers corps occupaient les emplacements suivants, qu'ils ne devaient plus quitter : la garde sur la rive gauche, avec les 4ᵉ et 6ᵉ corps ; les 2ᵉ et 3ᵉ corps sur la rive droite.

En traversant Metz avant l'aube, le lendemain de la bataille de Borny, nous avions à peine entrevu les préparatifs ébauchés pour soutenir un siége dès lors inévitable. Lorsque l'armée prit, le 22 août, ses positions définitives dans le camp retranché, il lui fut donné de voir de près l'œuvre de destruction que la zone militaire avait subie. Le front de la porte Mazelle à la porte Saint-Thiébault était entièrement couvert par l'inondation de la Seille; les constructions de toute sorte, établissements industriels, maisons de plaisance des faubourgs et de la banlieue, tout était démoli, tout représentait une scène de désolation qui frappa vivement l'esprit des soldats. La rapidité de la retraite, puis l'entraînement des combats, avaient caché à leurs yeux les douleurs de l'invasion qui se précipitait sur leurs traces. Mais ici ils commençaient à toucher du doigt les malheurs de la patrie. Cette image de la misère, dont les sombres couleurs devaient s'accentuer plus vivement de jour en jour, remplit leurs cœurs d'une colère sourde contre ceux qu'ils voyaient faillir à leur mission.

II

Durant les premiers jours qui suivirent la concentration dans le camp retranché, il ne se fit de part et d'autre aucune tentative. Les Prussiens prenaient leurs positions d'investissement, et rendaient effectif le blocus auquel ils voulaient nous soumettre. Ce blocus fut hermétique dans l'acception la plus rigoureuse du mot : à dater du 19 août, rien n'est entré dans la place, rien n'en est sorti sans la permission des assiégeants, sauf les ballons de correspondance dont l'idée ne fut mise en pratique que plus tard.

La ville, à l'abri déjà d'un coup de main, put compléter ses défenses.

L'armement de l'enceinte et des forts extérieurs fut activement poussé. Quoiqu'on eût travaillé aux divers ouvrages pendant la durée du blocus, certains d'entre eux n'étaient pas entièrement terminés lorsque l'ennemi en prit possession.

L'approvisionnement en denrées de toute nature avait été totalement négligé. Comme, en définitive cette question des vivres s'est introduite, dès le premier jour, dans la situation, comme elle en a été le nœud, comme elle en a provoqué le dénouement, on ne peut trop s'appesantir sur cette preuve de l'incurie, de l'aveuglement ou de la démence de nos gouvernants.

Dès le 22 août, la quotité des diverses rations avait été diminuée (1) ; la ration des chevaux

____

(1) Elle fut abaissée à 250 gr. pour la viande, à 200 gr. pour le lard, à 10 gr. pour le sel.

n'avait pourtant pas subi de modification, mais les distributions régulières de fourrages se faisaient si mal, ou, pour mieux dire, si peu, que les corps avaient pris le parti d'aller fourrager pour leur compte dans les fermes voisines, la Haute-Bévoye, Grimont, Chatillon, etc. Il y avait là de précieuses ressources qu'une active et prévoyante administration n'eût pas manqué de faire entrer dans ses magasins au lieu de les laisser dilapider.

Le spectacle d'un tel gaspillage était fait pour éloigner l'idée de l'immobilité de l'armée et d'un long séjour sous Metz. Aussi tout le monde était-il convaincu qu'on touchait à une action de vigueur. On ignorait absolument ce qu'était devenu Mac-Mahon ; mais on disait qu'en somme il n'y avait eu de ce côté là qu'une bataille perdue ; on remarquait avec une légitime satisfaction que l'armée de Bazaine était intacte, et que, si elle n'avait pas remporté de victoire décisive, elle n'avait pas subi de désastre. On comptait sur les mesures par lesquelles le Gouvernement s'efforcerait de réparer les échecs dus à son imprévoyance et à son fol aveuglement. Sans se dissimuler la tournure critique que prenaient les choses, on n'avait perdu ni le courage ni l'espoir. Certes, nous ne pouvions manquer de déplorer amèrement l'envahissement de l'Alsace et de la

Lorraine, conséquence de Wœrth et de Spikeren, mais nous étions impatients d'y mettre un terme et jaloux de le venger. Quant à la perspective d'une capitulation plus ou moins honorable, à la suite d'un blocus de soixante-dix jours, ce fut, de toutes les conjectures suggérées par les circonstances, la seule qui ne vint à l'idée de personne.

La population civile de Metz était alors admirable de zèle, d'activité, d'intelligence et de dévouement pour l'installation des ambulances et le soulagement des blessés.

J'ignore comment la postérité nous jugera ; si elle est sévère pour les hommes de notre génération, elle sera forcée d'ajouter que jamais les femmes ne furent plus fortes, plus sublimes, plus angéliques. Celles de Metz mériteront une mention à part dans le livre d'or des Françaises. Quand nous allions visiter, sous les tentes de l'Esplanade, les pauvres soldats que le feu de l'ennemi avait mutilés sous nos yeux, rien ne nous semblait devoir mieux les consoler et les guérir que le parfum de tant de touchantes vertus, où l'on sentait palpiter l'âme même de la patrie.

III

Le 26 août, l'armée prit les armes au point du jour. Le 3ᵉ corps se dirigea sur Noisseville par

Bellecroix, traversa le ruisseau de Vallières, et se déploya sur le versant méridional du plateau de Sainte-Barbe. Pendant cette marche, le 54ᵉ avait enlevé les bois opposés à notre droite, les batteries prussiennes avaient envoyé quelques obus dans le ravin, puis tout s'était tu. Le maréchal Bazaine, à trois cents mètres en avant, au milieu des généraux et des commandants d'armes, délibérait. Les troupes bivouaquèrent dans leurs positions, sous une série d'averses abondantes qui eurent bientôt détrempé le sol et pénétré les vêtements (1). Elles venaient à peine de toucher sur place deux jours de vivres et de biscuit, lorsque l'ordre arriva de battre précipitamment en retraite. On eût dit vraiment que toute la Germanie allait fondre sur nous! Elle se contenta de contempler silencieusement notre marche rétrograde, exécutée avec un luxe de précautions qui rappelait tout à fait les grandes manœuvres du camp de Châlons. Il était nuit close quand les troupes eurent repris leurs campements de la veille.

Cette sortie avortée, décorée du nom de *re-*

---

(1) Le rapport succinct publié par le maréchal indique cet orage comme le seul motif qui l'ait empêché d'attaquer ce jour-là. En réalité, ce n'était pas un obstacle sérieux. L'armée de la Loire s'est battue depuis dans des conditions autrement difficiles.

connaissance offensive sur Noisseville, produisit
un déplorable effet. Il fut impossible d'en démê-
ler le but, le sens et la portée ; mais les soldats
comprirent qu'ils entraient dans une phase lugubre : ce fut comme le premier tintement de la
cloche qui sonnait le glas de notre agonie, de
cette agonie de deux mois, où furent accumulées
toutes les douleurs et toutes les misères.

Le 30, nous crûmes qu'un coup plus décisif
allait être porté. Le 3ᵉ corps prit les armes à
midi, mais à quatre heures on le fit rentrer dans
ses campements. Le moindre inconvénient de
ces démonstrations incohérentes était de tenir
les Prussiens en éveil, et de leur désigner le
point précis où nous voulions frapper.

IV

Le lendemain, 31 août, avant le jour, l'armée
tout entière fut dirigée vers le nord de nos
lignes, et s'arrêta en deçà du ravin de Vallières.
A quatre heures seulement arriva l'ordre d'attaquer.

La division Castagny (du 3ᵉ corps) occupait
l'extrême droite, en face de Mercy et de Colombey. Venaient ensuite le 2ᵉ corps, de Colombey à
Coincy ; le 3ᵉ, en face de Retonfay, Montoy,
Noisseville et Nouilly ; le 4ᵉ sur le contre-fort du

Saint-Julien, puis le 6° au bord de la Moselle ; enfin la garde en réserve entre les routes de Bouzonville et de Boulay.

Après une lutte d'artillerie des plus acharnées, au moment où la nuit allait tomber, la sonnerie de la charge retentit à la tête de la division Montaudon, et se propagea avec une rapidité électrique, entraînant les 3° et 4° corps qui emportèrent à la baïonnette les villages où l'ennemi s'était retranché. Certes, si jamais en cette triste campagne, nous avons eu la virile et chaude sensation de la victoire, c'est dans cette soirée du 31 août ! On allait, disait-on partout, poursuivre ce brillant succès : le maréchal Lebœuf voulait pousser jusqu'à Malroy, tout culbuter dans la Moselle, puis marcher sur Thionville, où l'on donnerait la main à l'armée de Mac-Mahon, signalée aux environs de Stenay. A deux heures du matin, nous bivouaquions dans les villages conquis.

Quelques fusillades vers la gauche de la ligne agitèrent cette courte nuit : c'était, sans doute, le 4° corps qui complétait le succès de la veille? Non, c'étaient les Prussiens qui reprenaient Servigny. Nous ne le sûmes qu'au jour naissant, lorsque, au lieu de marcher en avant, comme tous s'y attendaient, il fallut battre précipitamment en retraite pour n'être pas canonnés au bivouac.

Le mouvement rétrograde s'arrêta à la hauteur de Lauvallière, et le combat recommença. La brigade Clinchant tenait ferme dans Noisseville qu'elle n'avait pas évacué. L'ennemi mit en jeu de puissantes masses d'artillerie, sous l'action desquelles l'ensemble de l'armée, ne recevant aucun ordre, opéra une retraite très-prononcée. Il était bien évident dès lors que le général en chef ne voulait pas s'engager à fond : l'ordre nous fut donné de rentrer dans les campements de la veille *si la retraite continuait;* or, il était à peine sept heures du matin.

Le 2ᵉ corps reculait sur la droite; le 4ᵉ se maintenait sur la gauche à peu près à notre hauteur. En pointe, devant nous, la brigade Clinchant tenait toujours l'ennemi en échec. Le canon prussien se rapprochait, mais lentement, et comme avec hésitation.

Après un moment d'accalmie, le 2ᵉ corps sembla vouloir faire un retour offensif. Les obus redoublaient sur Noisseville et sur la ferme de l'Amitié. Là se tenait le maréchal Lebœuf, dans l'héroïque attitude qui lui est familière, au milieu de son état-major décimé. Comprenant enfin l'inutilité de ces efforts isolés, que ne faisait point soutenir le général en chef, il donna l'ordre d'évacuer les villages. Ce mouvement s'exécuta lentement et avec une admirable régularité. En même temps l'ennemi amenait son artillerie jusqu'à la limite des positions qu'il s'était fixées, s'arrêtait, et déployait toute sa ligne, comme pour bien constater une retraite qu'il ne jugeait pas à propos d'inquiéter.

Un si triste dénouement, après la joie bien légitime de la veille, remplit nos cœurs d'amertume et de rage. Nous sentîmes que nous mettions le pied sur le bord d'un gouffre ténébreux, plein d'angoisses et d'embûches, au fond duquel surgissait pour la première fois, dans sa forme horrible et vague, le spectre de la capitulation.

Et ce même jour, à une distance de quelques marches, l'armée de Mac-Mahon était anéantie à Sedan!

V

On ne peut s'empêcher de s'adresser ici deux graves questions rétrospectives : pouvait-on matériellement se débloquer dans les journées du 26 et du 31 août, et qu'en fût-il advenu?

Aucun officier de l'armée de Metz ne met aujourd'hui en doute la possibilité d'une sortie victorieuse à l'époque dont il s'agit. Les obstacles presque insurmontables qui nous entouraient, vers la fin du blocus, n'existaient pas encore. Nos chevaux étaient bien nourris et admirablement

entraînés, nos troupes encore florissantes, éton-
nées sans doute, de n'avoir pas vaincu, mais
n'ayant perdu ni la confiance dans le succès
final, ni la vigueur nécessaire pour l'obtenir.
D'autre part, le prince Frédéric-Charles avait
considérablement dégarni ses lignes pour ap-
puyer les opérations dans les Ardennes. Nous
n'avions alors devant nous qu'un effectif peu su-
périeur au nôtre, et nous n'aurions pas pu passer! Il ne fallait pas songer, il est vrai, à em-
porter tous ses bagages, à relever même tous ses
blessés, mais qui se plaindrait aujourd'hui d'a-
voir fait taire ces considérations? Une fois l'ennemi repoussé, on pouvait, s'il en était temps
encore, se joindre à l'armée de Sedan, et qui
peut affirmer que notre arrivée opportune n'eût
pas changé la face des choses? S'il était trop
tard pour sauver nos frères de l'humiliation que
nous devions à notre tour subir deux mois après,
ne pouvions-nous marcher sur Châlons, ou sur
Paris, ou même plus au sud, s'il l'eût fallu?
Quelques personnes pensent qu'il était difficile,
dans une marche de ce genre, d'éviter d'être cer-
nés et détruits; mais ici tout est conjecture, et,
n'y eût-il qu'une chance sur mille de réussir,
nous devions la tenter.

Ces réflexions occupaient dès lors tous les esprits. Elles se formulaient, il est vrai, non pas

avec moins d'amertume, mais avec moins de précision, puisque le désastre de Sedan et ses diverses conséquences nous étaient encore incon-
nus.

VI

Entre les batailles infructueuses de Noisseville
et cette triste nouvelle, l'armée vécut dans une
perpétuelle alerte, provoquée par de nombreux
mouvements dans les lignes ennemies. Le retour
des troupes, momentanément détachées de l'armée de blocus, le passage de fortes colonnes de
prisonniers français d'une rive à l'autre, firent
croire pendant toute cette période à l'imminence
d'une attaque sur notre front. Malgré notre assiette excellente, malgré l'appui formidable que
nous prêtaient les ouvrages du camp retranché,
le commandement semblait redouter, dans son
abattement et dans sa stupeur, une entreprise
qu'il aurait au contraire fallu souhaiter. Une
attaque dans de telles conditions aurait été insensée, et si par impossible les Prussiens y son-
gèrent, ils durent renoncer sans hésitation à la
perspective chevaleresque de nous prendre d'assaut, sûrs, dès lors, que la famine nous livrerait
à leur merci.

Eh bien ! ces craintes vaines, pour ne pas dire
plus, nous usèrent autant qu'une grande bataille.

Ces prises d'armes inutiles, dont les fatigues étaient aggravées par une pluie d'équinoxe, ces alertes sans cause et sans effet exténuaient les chevaux et démoralisaient les hommes.

Elles entretenaient l'armée dans une sorte d'agitation nerveuse aussi dissolvante que la fièvre des combats est tonique et fortifiante. Ces longues et écœurantes veillées, cette interminable attente dans les boues épaisses du camp retranché, furent un triste avant-coureur des nuits funèbres qui terminèrent le blocus.

Une de ces prises d'armes, celle du 9 septembre, fut provoquée par une vive canonnade que l'ennemi ouvrit à la fin du jour et par une pluie diluvienne, sur tout le front sud de la place. La plaine des Sablons, les hauteurs de Rozerieulles et de Sainte-Ruffine retentirent pendant deux heures des détonations de l'artillerie prussienne, à laquelle répondaient par intermittence les grosses pièces du fort Saint-Quentin. On se perdit en conjectures sur la cause de tout ce fracas. Beaucoup pensèrent qu'une grande bataille se livrait sur le plateau de Gravelotte entre Mac-Mahon et l'armée de blocus. Cette rumeur prit même assez de consistance pour accréditer fortement l'espoir que la place allait être délivrée. On ne sut que plus tard l'objet de cette dépense inutile de munitions : les prisonniers de Sedan

défilaient ce soir-là à quelques kilomètres de
Metz, et les Prussiens voulurent leur faire croire
que la ville était soumise à un bombardement
terrible. Puéril stratagème qui n'était en somme
qu'un raffinement de cruauté!

VII

Deux jours après, nous apprîmes le désastre
de Sedan, la captivité et la déchéance de l'Empereur, et l'installation du gouvernement de la
défense nationale. La plupart virent dans ces
événements la probabilité d'une paix prochaine,
se fondant sur les proclamations où le roi Guil-
laume déclarait ne faire la guerre qu'au chef de
l'Etat, et aussi sur le manque de prestige d'un
gouvernement né de l'émeute, fatalement destiné
à devenir la victime des passions dont il s'était
fait un marchepied.

Quel que fût l'effet produit sur chacun par ces
lamentables nouvelles, soit qu'on regrettât la
chute d'un ordre de choses qui présentait seul à
l'ennemi des garanties pour traiter, soit qu'on sa-
luât la nouvelle République comme la réparatrice
de nos maux et la vengeresse de nos armes hu-
miliées, tous furent unanimes pour proclamer la
nécessité de défendre Metz à outrance, jusqu'à
l'entier épuisement de nos vivres, de nos muni-

tions et de notre sang. C'était aussi, disait-on,
l'opinion du commandant en chef, et rien n'auto-
risait encore à en douter. Une profonde tristesse
nous assaillit en apprenant le malheur de nos
frères d'armes, en songeant que la route de Paris
était ouverte, et que les armées allemandes,
dans leur œuvre de dévastation, ne trouveraient
plus d'obstacle devant elles. Mais l'espoir naïf
d'une médiation européenne, la probabilité d'un
grand soulèvement national, nous empêchèrent
de voir la situation dans toute la gravité qu'elle
avait dès lors revêtue. On ne comptait que faible-
ment sur une armée de secours, du moins avant
un laps de temps considérable; on savait les ressources alimentaires très-restreintes, mais on
était tellement pénétré de la nécessité de garder
Metz à tout prix, que ce devoir aveuglait pour
ainsi dire sur l'avenir. A ce moment, pas plus
qu'au début du blocus, personne ne songeait à la
capitulation. On allait à l'inconnu, sans entraînement irréfléchi, mais avec une résignation sereine, avivée par des lueurs d'espoir qui ne voulaient pas s'éteindre. Si le maréchal, forcé
d'étudier de plus près et de prévoir de plus loin
les événements, songeait déjà à la possibilité
d'une reddition en masse, on peut dire hautement qu'il y songea seul.

VIII

Ce fut un tort de ne pas envisager virilement
dès lors cette perspective, pour unir contre un
pareil dénouement nos forces et nos volontés.
Mais l'inertie est tellement dans la nature humaine, que, lorsqu'elle vient d'en haut, sous la
forme de l'obéissance et du devoir, il est bien
difficile de la secouer. Cette réflexion fera peut-
être dès cet instant entrevoir les germes de la
décomposition physique et morale au bout de
laquelle notre belle armée devait s'anéantir.

La résistance désespérée dont chacun sentait
l'urgence, et dont le maréchal se déclarait, disait-on, partisan, à quoi se réduisit-elle ? A
quelques travaux insignifiants, à la réglementation tardive des distributions, et à quelques coups
de main partiels : voilà le bilan du système de
la défense.

IX

Il eût fallu, imitant l'exemple de Totleben a
Sébastopol, si admirablement renouvelé par le
général Trochu à Paris (1), pousser en avant de

______

(1) Ces lignes ont été écrites en décembre 1870.

puissants ouvrages de contre-approche, qui eus-
sent permis de faire des sorties fréquentes, de
livrer même de grandes actions, pour harceler
l'ennemi, lui faire perdre du monde, et le tenir
constamment en haleine. Les bras n'auraient
pas manqué pour une telle œuvre. Tout se borna
à la construction de tranchées-abris en avant
du front de bandière, et de quelques batteries
de position. Ces derniers terrassements, com-
mencés le 7 septembre, furent menés assez mollement, tant était grande la conviction qu'ils
seraient inutiles. Les circonstances où nous
étions, et la connaissance de la tactique de l'ennemi, disaient assez qu'aucun assaut n'était à
redouter ; tout au plus quelques-uns admettaient
l'exécution du procédé de bombardement que
les Prussiens ont mis à la mode ; et le mieux à
faire, dans ce cas, ajoutaient-ils, c'était de leur
laisser user leurs munitions sans répondre, sauf à
les faire repentir, quand ils se décideraient à
montrer leurs colonnes, de leur audace inu-
sitée.

Eh bien ! le commandement affecta de prendre
au sérieux ces insignifiants ouvrages. A dater du
15 septembre, les pièces y furent mises en batterie tous les jours, du lever au coucher du soleil. Ajoutons que l'assiégeant ne parut point
s'en inquiéter ; il maintint strictement sa ligne

d'avant-postes, et n'envoya pas une balle dans nos tranchées.

X

La deuxième série de mesures, relative à la réglementation des ressources alimentaires, touchait à la question vitale, au nœud de la situation qu'on s'était faite. Une foule d'écrits ont signalé unanimement l'incurie qui avait présidé aux mesures d'approvisionnement, et le pillage auquel furent soumises de précieuses ressources. Nous nous bornerons à signaler ce fait que, dans les premiers jours du blocus, il fut distribué du *blé en gerbes* pour la nourriture des chevaux, dilapidation dont gémirent les soldats eux-mêmes.

Les rations de viande, de lard et de sel, comme il a été dit plus haut, avaient subi une réduction dès le 22 août. Les choses restèrent en l'état jusqu'au 8 septembre, jour où commença la distribution de la viande de cheval. Ainsi, après vingt jours de blocus, la viande fraîche manquait ! Certes, l'usage du cheval comme aliment, quoique fatigant à la longue, ne peut être considéré comme une souffrance physique ; mais n'était-il pas cruel de penser que, pour ne pas mourir de faim, nous devrions dévorer tous les chevaux de l'armée, c'est-à-dire détruire un des éléments indispensables de notre force?

Ces animaux eux-mêmes, il fallait, avant de les manger, les nourrir, et comment? Difficile problème à la solution duquel fut employée l'imagination la plus féconde. Le fourrage vert manqua dès le début. Après avoir tondu le peu d'herbe qui restait autour de la place, nos pauvres chevaux dévorèrent toutes les feuilles des vignes, puis celles des peupliers qui bordaient les routes, et celles des chênes des bois voisins; ensuite ils passèrent aux betteraves, aux tourteaux de colza. Ils rongèrent les troncs des arbres aussi haut que leurs dents pouvaient atteindre; ils se mangèrent réciproquement la queue et la crinière; enfin ils engloutirent leurs cordes, leurs licols, leurs couvertures de laine, leurs portemanteaux en drap, avec le paquetage intérieur!

XI

En troisième lieu, disons quelques mots des opérations restreintes qui rompirent à peine, à dater du 1er septembre, la monotonie du blocus.

L'affaire de Lauvallière, le 22 septembre, ouvrit une série de combats partiels dont le dernier fut livré le 7 octobre. On réussit à emmener de Lauvallière une centaine de voitures chargées de paille et de foin ; mais le fourrage de vive force, tenté le lendemain en avant de Grimont, provoqua une telle canonnade des lignes ennemies, qu'il fallut rentrer sans butin.

Le 27 septembre, la brillante affaire de Peltre procura quelques minimes ressources ; elle mit surtout en évidence, une fois de plus, ce qu'on pouvait attendre de nos soldats. La soirée de ce jour fut illuminée par un grand nombre d'incendies que les obus des deux partis avaient allumés.

Pendant que Ladonchamps brûlait sur la rive gauche, l'horizon de la rive droite s'éclairait aux flammes de Colombey, de la Grange-aux-Bois, du château de Mercy et du vaste embrasement de Peltre : ceinture de foyers incandescents dessinant autour de nous le cercle que nous ne devions plus franchir.

Les sorties qui succédèrent eurent toutes Ladonchamps pour théâtre. Celle du 7 octobre s'étendit jusqu'aux Maxes et aux Tapes, et fut un véritable combat où une partie de la garde et du 6ᵉ corps fit des prodiges. Ce fut la dernière.

Ces divers coups de main rondement menés, brillamment exécutés, et signalés par de véritables éclats de bravoure, ne procuraient que des ressources insignifiantes, et n'avaient, en définitive, d'autre résultat que de sacrifier un certain nombre d'existences, et d'allumer quelque village, en guise de représailles, au feu des torches prussiennes. Tout en sentant l'inutilité de ces efforts partiels, personne n'avait l'idée de les blâmer. Ces éclairs de vitalité semblaient protester contre l'arrêt de mort qui planait déjà sur nos têtes; et, en effet, quand ils s'éteignirent, le fatal dénouement était proche.

XII

Il y aurait d'intéressantes scènes à retracer si l'on voulait dépeindre la physionomie intérieure de la ville et des camps pendant les diverses périodes du blocus. Peut-être ce riche programme tentera-t-il quelque officier humoriste ou l'un des nombreux *reporters* que les événements avaient retenus, bien malgré eux, dans la place. Nous nous bornerons à une réflexion relative aux allures et à la conduite de l'armée dont nous avons entrepris de tracer pour ainsi dire le croquis moral.

Quelques publicistes, les uns d'occasion, les autres de profession, n'ont pas craint de jeter à la face de cette armée une calomnie qu'on ne peut laisser passer sans protestation. Ils ont osé dire à la France qui avait tant compté sur nous et que notre chute a remuée si profondément, ils ont osé lui dire que les camps de Metz étaient un théâtre de scandales et de déportements, et que les officiers abandonnaient leur poste pour se livrer au plaisir et à la débauche. C'est là une plaisanterie sinistre qu'une incroyable aberration d'esprit a pu seule inspirer. Quelque invraisemblables que ces assertions aient pu paraître à nos compatriotes, il est nécessaire de les flétrir. Si notre honneur de soldat a subi de cruelles atteintes, nous avons la prétention d'avoir conservé notre honneur d'homme et de citoyen.

Eh bien! j'affirme que jamais armée, non point certes par puritanisme de doctrine, mais par la force même des sentiments auxquels elle était en proie, ne fut plus calme et plus sereine dans l'épreuve, plus digne dans l'infortune, plus fière dans le déshonneur immérité. Jamais il n'y eut un plus parfait accord entre la gravité des événements et la gravité des pensées; jamais, dans ces régions inférieures de la hiérarchie où vibraient, où vibrent encore dans toute leur sonorité les plus nobles cordes de l'âme humaine, jamais les caractères ne se sont mieux retrempés, épurés au feu des tortures. J'en appelle à vous tous, mes compagnons de victoire, de défaite ou d'exil, dont je cherche en ces lignes à retracer le martyre!

XIII

Mais il faut revenir en arrière, et montrer les progrès effrayants de la désorganisation de l'armée dans l'intervalle du 11 septembre au 7 octobre.

Depuis quelque temps, la population, comme il arrive dans toute ville assiégée, s'agitait. Les préoccupations s'étaient peu à peu changées en inquiétudes, en face d'une situation sans issue. Les craintes conçues par le commandement sur une attaque puissante de l'ennemi ne pouvaient manquer de se propager parmi les habitants. Le 17 septembre, le bruit se répandit, sur on ne sait quel indice, que la ville serait bombardée le lendemain. Les pompes furent mises en bataille sur la place d'armes, et toutes les précautions prises pour étouffer les incendies.

Est-il besoin de dire que peu d'officiers crurent à la possibilité d'une entreprise de cette sorte ? Ils agitaient alors entre eux une question bien autrement importante, qui devait les tenir jusqu'au dernier jour en haleine, au cours de ses phases diverses, la question de la *percée*.

En la prenant sous son aspect le plus général, elle se réduisait à savoir s'il fallait prendre les armes en détail ou en masse, et tomber sur l'assié-

geant en un ou plusieurs points, pour débloquer
la ville et l'armée. Il y eut dès lors, dans tous les
grades, le parti des *perceurs* et le parti opposé.
Le succès d'une pareille tentative était déjà tellement aléatoire que le nombre des officiers pro-
clamant la nécessité de se frayer un passage à
tout prix était certainement le plus petit. Mais
combien de ceux qui faisaient ressortir les difficultés, s'y seraient ralliés vaillamment, si l'ordre
en eût été donné ! La raison, la sagesse, la pru-
dence étaient en effet de leur côté, et chaque
jour avec une évidence croissante. C'eût été une
folie, soit. Cette folie, il fallait la faire. Depuis, la
France n'a fait qu'une vaste folie, et elle en a été
récompensée.

Mais pour réunir et diriger toutes ces volontés
individuelles ne demandant qu'à collaborer au
salut commun, il fallait une volonté supérieure
et déterminante, et l'on sentait surabondamment
qu'elle faisait défaut. Les grandes énergies, pro-
clamons-le à l'honneur de la nature humaine, ne
viennent que des grandes convictions. Or, si le
maréchal avait une conviction, c'était celle-ci :
que tout était perdu.

Nous-mêmes, officiers de tout grade et de toutes
armes, avons-nous eu, comme l'auraient fait nos
pères, la confiance que la République nouvelle
sauverait, sinon la France, du moins son honneur?

Nous savions seulement qu'en un jour d'émeute
et de deuil, quelques audacieux s'étaient empa-
rés du pouvoir. Isolés de nos compatriotes,
comme sur un radeau en perdition, nous atten-
dions trop impatiemment la France qui n'arrivait pas encore. Avouons-le sans détour : nous
n'avons manqué ni de fermeté, ni de courage, ni
hélas ! de discipline, ni d'aucune vertu militaire,
nous avons manqué de foi ! Si nous avions pu
nous retremper un seul instant au contact de
notre patrie frémissante, frapper du pied, comme
Antée, notre sol natal, nous aurions rebondi jusqu'aux étoiles !

XIV

Pendant nos discussions vaines, puisqu'elles
n'avaient aucune influence sur les décisions de
nos chefs, les forces s'en allaient jour par jour,
heure par heure. Les provisions s'épuisaient. La
santé des hommes s'altérait. Les chevaux dépé-
rissaient à vue d'œil, et l'on pouvait entrevoir
l'instant où il ne resterait plus un escadron monté
ni une batterie attelée. Pour fournir à l'alimenta-
tion des troupes et de la ville, on sacrifiait chaque
jour un nombre considérable de chevaux. Les
officiers d'infanterie évitèrent au moins ce crève-
cœur d'assister à la progressive dissolution de

leur troupe. Ce fut sans contredit une de nos plus cruelles épreuves de présider ainsi nous-mêmes à notre propre anéantissement. Quels soins, quels subterfuges pour livrer à l'abattoir un cheval de moins, pour pouvoir atteler un canon de plus! jamais existence ne disputa si obstinément avec la mort. Ce fut un duel intime, obscur et déchirant, dans lequel se résumaient et se concentraient toutes nos douleurs.

Ce travail de désorganisation pour ainsi dire moléculaire, suite fatale de la pénurie de ressources, avait fait vers la fin de septembre d'immenses progrès. Les cavaliers, presque tous démontés, étaient affectés au service de l'infanterie; une partie des batteries avait dû, par suite de la diminution des attelages, renvoyer quelques pièces à l'arsenal.

Les chevaux d'officiers, à force de soins et de dépenses, présentaient encore quelque apparence de vigueur; mais les chevaux de troupe, réduits depuis le 6 septembre à une ration de 300 gr. d'avoine, et à quelques feuilles d'arbres que des corvées journalières allaient arracher sous le feu des avant-postes, devenaient transparents de maigreur, incapables d'un effort un peu violent et surtout continu.

L'opinion de la grande majorité des commandants de batterie était dès lors que leurs attelages ne pourraient pas fournir, au pas, une course de plus de trois ou quatre kilomètres en attelant même à six chevaux.

XV

Malgré cette triste situation, que nous sommes loin d'avoir exagérée, le bruit se répandit, vers le 25 septembre, qu'une trouée allait être tentée. Cette opération devait incomber surtout au 3ᵉ corps, dont le commandant, maréchal Lebœuf, était partisan déclaré de l'action à tout prix. Quoiqu'aucun avertissement officiel ne fût donné, on parla plusieurs jours de ce projet comme d'une décision arrêtée. Le 5 octobre en effet, le 3ᵉ corps reçut inopinément l'ordre, vers cinq heures du soir, de toucher un supplément de vivres et de grains. Le départ était fixé à minuit. Une lune superbe éclairait l'horizon et semblait favoriser cette entreprise. Un souffle de délivrance passa sur nos fronts..... Au dernier moment, le général en chef donna contre-ordre.

Avait-il reçu des renseignements de nature à lui prouver l'insuccès certain d'un pareil mouvement, ou bien seulement, subit-il, au moment décisif, une de ces défaillances dont il avait pris l'habitude depuis le commencement de la campagne? Cette dernière hypothèse est la plus probable, car nous n'en étions plus à chicaner sur quelques milliers d'hommes de plus ou de moins du côté de l'ennemi. Peut-être aussi le maréchal n'avait-il voulu que paraître faire une concession à l'élément civil dont les intérêts étaient si fatalement liés aux nôtres, et qui réclamait à grands cris l'éloignement de l'armée.

XVI

Nous avons à peine dit quelques mots de l'attitude et de l'esprit de la population de Metz ; il est temps d'aborder ce sujet délicat.

Cette population, surprise par l'invasion, et démesurément accrue par les habitants des campagnes qu'elle avait accueillis avec plus d'humanité que de souci des nécessités de la guerre, avait été d'abord admirable de dévouement, de résignation, de patriotisme. Mais quand vinrent les mauvais jours, quand le gouverneur eut ordonné tardivement les perquisitions prescrites par les règlements, quand on prévit l'instant prochain où le pain viendrait à manquer, les esprits s'émurent et devinrent hostiles. Les habitants de Metz devaient naturellement désirer deux choses : éviter la famine, et ne pas rendre à l'ennemi leur place fière de sa séculaire virginité. Rien ne leur prouvant que ces deux désirs s'excluaient, ils con-

sidéraient le départ de l'armée comme le remède
à tous leurs maux, et ne se faisaient pas faute
de le proclamer. « Que faites-vous ici, nous
disaient-ils, dans leurs injustes reproches, et à
quoi êtes-vous bons, sinon à nous affamer? Allez
capituler ailleurs, si bon vous semble; quant à
nous, nous ne capitulerons jamais ! »

Capituler! Quel mot viens-je d'écrire? Qui
donc y songeait alors? Nous songions à une
sortie victorieuse, à l'arrivée d'une armée de secours, à je ne sais quel événement inespéré, à
tout, excepté à la reddition. Les Messins en eurent les premiers l'intuition, et firent tous leurs
efforts pour séparer leur cause de celle de l'armée. Qui pourrait les en blâmer, et les faits n'ont-
ils pas justifié leurs craintes?

Ces reproches, quelque naturels qu'ils fussent,
nous irritaient, et nous leur répondions :

« Loin de nous la pensée de douter de votre
» bravoure et de votre ardeur patriotique. Mais
» pourquoi oublier que sans l'armée, votre ville
» serait depuis longtemps la proie du vainqueur?
» Aujourd'hui que nous avons armé vos forts et
» terminé vos défenses, vous croyez n'avoir plus
» besoin de personne, et vous renvoyez ceux qui
» vous ont protégés, sans savoir si un seul d'en-
» tre eux échappera à la tentative que vous pré-
» conisez. Vous redoutez la capitulation? Mais

» qui la redoute plus que nous, et qui en
» parle? »

On conçoit sans peine les tiraillements qui devaient résulter d'une telle situation, compliquée encore par les relations anormales que les événements avaient créées entre le gouverneur de la place et le commandant en chef de l'armée du Rhin. La population, à qui devaient échapper ces subtilités, et dont les inquiétudes prenaient de jour en jour plus de fondement, se désaffectionnait, et croyait trouver dans des manifestations politiques le point d'appui qui faisait partout défaut. Après l'enfantine satisfaction d'arracher l'aigle qui surmontait encore le drapeau de la mairie, elle ébaucha le plan qui nous eût sauvés peut-être, si l'armée l'eût appuyé, c'est-à-dire une révolution militaire dont le but était l'arrestation du maréchal et de la plupart des commandants de corps. L'armée l'eût faite, cette révolution, malgré son habitude de la discipline et son observance rigoureuse des lois de la hiérarchie, si elle eût pu prévoir l'avenir.

XVII

Au milieu de ces agitations stériles, le mal allait toujours croissant. Depuis le 8 octobre, la pluie était revenue, et ne cessait de tomber à torrents, détrempant les routes et les terres, et amenant tout un cortége de misères qui jusque-là nous avaient été épargnées. Les hommes, imparfaitement abrités sous leurs petites tentes, commençaient à souffrir de la persistance de l'humidité ; leur ration avait en outre été réduite, le 9 octobre, à 300 grammes de pain. Au milieu de tant d'épreuves, la gaîté ingénieuse du caractère français semblait avoir disparu. Dans la plupart des camps, on voyait des soldats hâves, mornes, silencieux, autour de la marmite où cuisait un maigre morceau de cheval, sans sel, ni riz, ni légumes. Un petit nombre lisait les journaux de Metz, ou s'entretenait des mille rumeurs qui circulaient d'un campement à l'autre. Tantôt c'était l'ennemi qui, fatigué de son inaction, devait nous donner un assaut définitif dont on comptait bien le faire repentir ; tantôt c'était une armée de secours, de 600,000 hommes au moins, qui arrivait des Vosges pour nous débloquer, et dont on entendait le canon lointain.

Parfois ces espérances semblaient avoir quelque fondement ; elles se propagaient alors avec une rapidité extraordinaire. Ainsi, dans la matinée du 15 octobre, on acclama comme un symptôme de délivrance une canonnade prolongée, à peine perceptible aux plus fines oreilles, dans une direction vague qui semblait pourtant se rapprocher de l'ouest. On sut plus tard que ce feu continu provenait du bombardement de Verdun ; mais dans l'état d'exaltation fébrile où chacun vivait alors, il était naturel de croire à l'approche d'une armée de secours. Tous ceux qui nourrissaient cette nouvelle illusion, et ils étaient nombreux, demandaient à grands cris une prise d'armes et l'exécution du projet de trouée, si longtemps annoncé, ébauché à peine dans la soirée du 3 octobre.

XVIII

Une nouvelle et dernière velléité de sortie se produisit en effet. Le 17 octobre, ordre fut donné de percevoir deux rations de grains. Le nombre des voitures que les batteries pouvaient atteler fut supputé soigneusement, et les effectifs des attelages combinés en proportion. Les chevaux qui traînaient les effets des officiers d'infanterie furent livrés à l'artillerie pour combler les vides. Les voitures à bagages, les forges, les affûts de rechange, furent versés à l'arsenal. Enfin les menus objets des hommes, leurs vêtements de 2e durée furent déposés à Metz, ainsi que les registres de la comptabilité des corps.

Le 18 au soir, les camps étaient dans l'attente

d'un départ immédiat. Cette veillée fut grave et solennelle : les officiers qui avaient traversé Gravelotte et Saint-Privat sans donner une pensée à la mort, échangèrent ce soir-là entre eux les adresses de leurs familles.

Ce serait vouloir pénétrer les plus profonds mystères de l'inconnu que se demander les chances de succès d'une sortie, exécutée dans les conditions où se trouvait alors l'armée. Tout ce qu'on peut dire, c'est qu'il y aurait eu profusion de sang et d'héroïsme.

Les plus fougueux prôneurs de cette tentative ne s'en dissimulaient point les immenses et presque insurmontables difficultés. Franchir un multiple cordon de troupes aussi vigilantes que les troupes prussiennes, avec des soldats affaiblis, moralement par leurs revers, physiquement par des privations prolongées; sans cavalerie, presque sans artillerie, car la plupart des officiers de cette arme, même ceux qui soutenaient la nécessité d'une sortie, n'étaient pas sûrs de pouvoir faire franchir plus d'un kilomètre à leurs chevaux exténués ! Eh bien ! malgré tout, il faut regretter aujourd'hui que cet effort surhumain n'ait pas été fait ; il faut regretter surtout que, au moment suprême où l'on touchait, le maréchal Bazaine n'ait pas conduit son armée tout entière à une dernière bataille qui ne l'aurait sauvée ni de la mort, ni de la capitulation peut-être, mais qui l'aurait sauvée de la honte, et n'aurait point entraîné directement dans sa chute la forteresse confiée à sa protection !

En pesant les choses avec la froide raison, c'était incontestablement une folie, et les officiers opposés à la trouée n'étaient pas contredits sur ce terrain. Beaucoup d'entre eux, qui l'auraient approuvée dans les premiers jours du blocus, répudiaient hautement une tentative dont toutes les chances de succès s'étaient progressivement éteintes. D'autres au contraire qui n'avaient pas prévu la possibilité d'une capitulation, la voyant devenue inévitable, se révoltaient à cette idée, et préféraient tout à la perspective de la captivité. De là des discussions et des tiraillements sans nombre, l'impossibilité de réunir les esprits dans le choix d'une solution pratique.

De cette confusion en naquit une autre assez bizarre : on vit des officiers réputés pour leur bravoure se résigner d'avance plutôt que d'encourager un massacre inutile ; on en vit d'autres, dont la valeur manquait peut-être de sanction, se faire les prôneurs exaltés d'une opération désespérée qu'ils comptaient bien ne pas voir se réaliser.

XIX

Qui s'étonnerait que ces préoccupations tinssent tant de place dans notre existence? N'était-ce pas notre sort qui s'agitait, et en même temps celui de la France? De vagues rumeurs, venues on ne sait d'où, présentaient les événements extérieurs sous un rapport moins défavorable. Nous avions cru Paris au pouvoir des Prussiens après la catastrophe de Sedan, et, au lieu de confirmer cette affreuse nouvelle, le temps nous avait donné plus d'espoir dans la résistance de nos concitoyens.

Ce fut au milieu de ces agitations mortelles, que nous apprîmes l'insuccès de la démarche du général Boyer auprès de la cour de Versailles.

La mission de ce général, les péripéties qu'elle a subies, les circonstances qui l'ont accompagnée et suivie, forment sans contredit la crise la plus saisissante de l'histoire de l'armée du Rhin. En attendant qu'elle jette, quand elle sera mieux connue, quelque lueur sur la conduite du commandant en chef, elle a servi de texte contre lui aux plus violentes et aux plus aveugles accusations. Notre but n'est pas de les aggraver, ni de les combattre. Nous voulons seulement raconter sous quel jour le projet du maréchal fut présenté à l'armée, et la place importante qu'il occupa dans la dernière phase de nos misères.

XX

Dans l'état où était arrivée l'armée, le voyage du général Boyer auprès du roi de Prusse ouvrait une perspective inespérée. Si la négociation réussissait, cette armée quittait, avec armes et bagages, les positions où elle était bloquée, pour se rendre en différents points du territoire français, et protéger de là la sincérité des élections d'où devait sortir la Chambre avec laquelle l'ennemi consentait à négocier. L'Impératrice était le lien de cette combinaison absurde à laquelle l'armée crut pourtant pendant quelques jours. Comment ne pas nourrir de telles espérances, lorsqu'elles parvenaient officiellement, par la voie de l'ordre, ou par les communications de nos généraux? Privés de toute relation avec l'extérieur, dans l'impossibilité reconnue de tenter une sortie, quelle plus heureuse chance pouvions-nous espérer que celle d'être débloqués sans condition, de conserver à la France sa dernière armée régulière, à laquelle reviendrait alors la tâche également glorieuse, soit de favoriser la paix si le pays la jugeait nécessaire, soit d'apporter dans la continuation de la lutte une force encore invaincue? Le nom de l'Empereur était systématiquement écarté de cette combinaison qui semble aujourd'hui sortie du cerveau d'un fou, mais à laquelle on attachait alors ces vagues espérances auxquelles se cramponnent les naufragés. La Régence seule était mise en avant, et il ne s'agissait en rien d'imposer par la force à nos compatriotes un gouvernement contraire à leurs vœux. Chacun laissait de côté les conséquences politiques pour ne voir que l'expédient momentané auquel l'armée et peut-être la nation tout entière devrait son salut.

Les communications du commandement étaient d'ailleurs bien faites pour enlever à ce projet ce que nous y trouvons aujourd'hui d'impraticable et d'odieux. D'après les récits apportés par le négociateur de Versailles, l'anarchie la plus complète régnait en France. Les armes données aux populations, au lieu d'être tournées contre l'envahisseur, servaient d'instruments de pillage et de dévastation. Des hordes socialistes avaient brûlé le palais de Saint-Cloud, Rouen, le Havre demandaient des garnisons allemandes pour échapper à la jacquerie.

Tels sont les mensonges de source prussienne qui furent propagés dans l'armée hors d'état d'en contrôler l'origine. Le maréchal pourra se laver de bien des reproches ; il parviendra peut-être à établir l'impossibilité de poursuivre les succès de

Borny et de Rezonville, la nécessité de se con-
centrer sous Metz, les obstacles insurmontables
qui ont empêché sa jonction avec Mac-Mahon. Il
est douteux qu'il puisse jamais se faire pardonner
la fourberie employée pour faire accepter par ses
troupes un projet d'arrangement dont il était la
dupe vulgaire : fourberie bien inutile, puisque,
en fin de compte, après avoir été amorcé par des
espérances que les Prussiens n'ont jamais eu l'intention de réaliser, il a été abandonné à son sort
par l'Impératrice et par M. de Bismark.

Mais il fallait amener l'armée à donner la main
à cette tentative de restauration insensée, et pour
cela la lui présenter comme la seule chance de
salut, et aussi comme la libération de la France
déchirée par les mains de ses enfants. Le tort de
l'armée, nous avons déjà fait ce pénible aveu, fut
alors de n'avoir point assez de foi dans le patriotisme de ses concitoyens, et d'admettre la possibilité d'une guerre civile en présence de l'invasion. « Eh quoi ! disaient entre eux les officiers
» et les soldats, que faisons-nous ici, et que dé-
» fendons-nous ? Ici, j'ai mon drapeau, mais ma
» vraie patrie, c'est mon foyer paternel, c'est la
» maison où mes vieux parents m'attendent peut-
» être pour les protéger, non contre l'étranger,
» mais contre leurs compatriotes en délire ! c'est
» là qu'est ma place, mon devoir, mon véritable

» honneur : c'est là qu'il me faut aller ! »

Pendant plusieurs jours, toute l'armée vécut sur ces idées. La mission du général Boyer parut un instant devoir réussir. On désignait même les villes où les troupes seraient envoyées : tel corps irait à Lille, tel autre à Dijon. Puis tout à coup on apprit que cette fantasmagorie était finie ; ce dernier espoir disparut et la hideuse réalité nous reprit. Ajoutons que lorsque les véritables conditions auxquelles était subordonnée cette intrigue nous furent dévoilées, tout le monde se félicita de ce qu'elle avait échoué.

XXI

C'était à coup sûr un projet insensé, le rêve incohérent d'une imagination aux abois, que de vouloir, sans l'auréole de la victoire, imposer à la France le régime qu'elle avait énergiquement repoussé, et auquel elle reprochait tous ses malheurs et sa perte imminente.

Mais l'armée ne put comprendre l'impossibilité morale de cette monstrueuse combinaison, que lorsqu'elle apprit, par les journaux lus en Allemagne, la fausseté des communications officielles, que lorsqu'elle vit la France enfin réveillée, avec un admirable ensemble et un sublime élan, tenir les armées prussiennes en échec sous les murs de Paris.

Elle regretta alors amèrement de n'avoir pas donné d'instinct à son chef un éclatant démenti, et d'avoir douté de ses compatriotes; et son admiration pour eux n'eut d'égale que sa rage de ne pouvoir les aider.

XXII

Dès le commencement de la campagne, le maréchal Bazaine avait entrevu un rôle noble et glorieux, que le Ciel a réservé à un autre, celui d'arbitre des destinées de la patrie : louable, sublime ambition, si, pour la réaliser, il eût employé les moyens par lesquels se révèlent aux jours de crise, les grandes âmes. Pour devenir un Monck ou un Washington, il devait garder intacte cette armée qu'il avait en définitive menée jusqu'aux portes de la victoire : de là sa crédulité dans une combinaison ridicule et coupable qui très-probablement ne sortit pas de son cerveau.

Si l'on répugne au rôle d'accusateur quand même, on peut très-bien admettre que cet arrangement fut sinon suggéré, du moins très-encouragé par le commandant en chef des forces prus-

siennes (1). Le maréchal eut, dit-on, avec ce per-
sonnage de fréquentes entrevues, dans lesquelles
se débattaient sans doute les graves questions
du moment. Le général français, acculé dans
une impasse, apportait sans contredit dans ces
entretiens un vif désir d'échapper au réseau de
fer qui l'étreignait. Le prince Charles, qui savait
par expérience tout ce qu'il avait à redouter de
l'armée du Rhin, devait chercher à endormir
son adversaire, et faire luire à ses yeux les chances d'une combinaison politico-militaire, dont
ce dernier aurait tout l'honneur et tout le profit.
Pendant ce temps, les vivres s'en allaient, les
forces s'épuisaient, la décomposition marchait à
grands pas. Le général Boyer revenait de Versailles avec des renseignements aveuglément
acceptés, criminellement transmis. Puis, quand
il n'était plus temps pour nous de briser le piége,
le Prussien levait le masque, et déclarait que
l'action militaire suivrait son cours.

Ah ! le maréchal a dû comprendre alors que
la loyauté dans les actes et dans les paroles
est la meilleure et la plus sûre des politiques !
Une première et fatale expérience aurait dû pourtant le corriger ! Alors, joué par son ennemi, il

---

(1) Depuis que ces lignes ont été écrites, la brochure de
M. Régnier est venue confirmer cette manière de voir.

n'eut pas le courage de faire l'acte de désespoir
que son armée lui demandait : il s'écroula, avec
elle, dans un abîme dont on n'a pu encore sonder
le fond.

XXIII

La perte des illusions auxquelles les faits pré-
cédents donnèrent l'essor, et qu'un certain nombre d'officiers n'avaient jamais partagées, coïn-
cida avec l'entier épuisement des ressources
alimentaires. Quelques jours à peine nous sé-
paraient de la catastrophe. Elle s'annonçait avec
ce caractère d'inéluctable nécessité que revêtent
les phénomènes de la nature. Les révoltes inté-
rieures, les imprécations n'y pouvaient rien : les
faits suivaient leur cours inexorable. Notre fin
s'approchait, comme la mort s'approche du che-
vet d'une personne aimée, conduite au tombeau,
malgré sa constitution vigoureuse, par l'effet
d'un poison lent qu'on lui aurait versé goutte à
goutte.

Ces dernières journées furent lugubres. Le ciel
lui-même sembla vouloir, par son inclémence,
aider l'œuvre de nos bourreaux. Les camps
n'étaient plus qu'un lac de boue; une pluie in-
cessante avait transpercé et pourri les tentes où
nos soldats, fiévreux et grelottants, ne trouvaient
plus d'abri. Toutes les mélancolies de la nature

semblaient vouloir se mettre en harmonie avec le bouleversement de nos âmes. Un orage épouvantable signala la soirée du 26 octobre : de larges nuées, poussées par un vent furieux, déversaient leurs ondées sur nos têtes. Ces nuées d'un noir livide, alternant avec les bandes blanchâtres qu'elles découpaient sur l'horizon, rappelaient à la fois les couleurs de la bannière ennemie et les draperies funèbres qu'on étend sur les catafalques.

La capitulation se débattait pendant cette sombre nuit au quartier général prussien, et l'on sut le lendemain qu'elle était irrévocablement signée. Nous assistâmes, comme dans un cauchemar étouffant, au désarmement de nos troupes, au départ de nos canons, à la lecture officielle du protocole de Frescaty. Plusieurs brisèrent leurs épées, en enterrèrent les morceaux, et arrachèrent de leur poitrine les décorations qu'ils avaient gagnées sur des champs de bataille plus heureux.

Des projets incohérents de sortie, sans plan, sans chefs et sans soldats, furent agités entre quelques officiers éperdus. Ce fut la dernière lueur du flambeau qui s'éteint, la dernière convulsion du moribond, dont le tocsin de la cathédrale sonnait la définitive agonie.

Ce ne fut pas tout : nous voulûmes boire la lie jusqu'à son dernier résidu ; nous voulûmes clouer

de nos mains le cercueil où nous avions tout en-
foui. Nous accompagnâmes nos soldats désarmés
jusque dans les lignes Prussiennes. Ce fut un
long et douloureux calvaire. Bossuet s'est étonné
de la quantité de larmes que contiennent les yeux
des rois ; il en tombe encore plus des yeux des
soldats, un jour de honte imméritée.

Arrivés au terme, chaque homme vint serrer
la main à ses officiers, et l'on se sépara en di-
sant : « Au revoir et vengeance ! » — Puis chacun
de nous, chancelant comme un homme ivre, les
yeux rougis et brillant d'un feu sombre, se perdit
dans la ville dont l'étranger dévirginait au même
instant l'enceinte.

CONCLUSION.

Depuis, d'autres douleurs ont été subies, d'autres affronts ont été dévorés. Nous avons vu de près ce peuple inepte et lourd, bestialement ivre de gloire, froidement féroce et grotesquement sérieux, hideux mélange de Calvin et de Loyola, et nos cœurs se sont gonflés d'une haine immortelle.

Oui, il nous la faut, cette vengeance que nos soldats nous ont demandée, et que nous leur avons promise. Si l'existence qui nous a été conservée a encore quelque valeur, c'est parce qu'elle doit être consacrée à cette grande œuvre. Ah ! l'Allemagne a été bien imprudente ! Dans l'ivresse

épaisse de son orgueil, elle n'a pas compris quels germes terribles elle semait ; dans son culte exclusif de la force brutale, elle n'a pas eu conscience des forces morales qu'elle allait déchaîner. Si ce n'était la crainte d'insulter à tant de ruines récentes, à tant de tombes à peine fermées, on serait tenté de lui crier : « Merci ! nation cheva-
» leresque, éclairée, philosophique ! Nous pé-
» rissions dans le marasme, nous croupissions
» dans l'inertie intellectuelle, nous allions être
» asphyxiés par les vapeurs fétides qui s'exhalent
» des sociétés corrompues; tu nous as réveillés,
» tu nous as secoués, tu nous as sauvés,
merci ! »

Ce sera là la leçon surhumaine dont nous saurons profiter. En de tels cataclysmes, la masse des hommes ne distingue que les causes immédiates de ses malheurs, et dans son désespoir, elle maudit les personnalités plus ou moins brillantes qu'elle considère comme les auteurs de sa ruine, tandis qu'ils n'en sont le plus souvent que les instruments. Sachons nous élever au-dessus des passions du moment, et tirer des événements tout l'enseignement qu'ils comportent. Nous y trouverons l'impérieuse nécessité d'organiser enfin notre société depuis si longtemps en dérive, de fixer les bases nouvelles sur lesquelles elle doit s'asseoir, et si pareil bienfait surgit des troubles où nous sommes mêlés, nos descendants, loin de nous blâmer, nous béniront en nous plaignant.